나의 사소한 연대기

그루시선 112

나의 사소한 연대기

이경임 시조집

그루

| 시인의 말 |

내 심중과 혀가
서로 다른 말을 하는 건 아닌지
두려움이 깊다.

거친 들판을 헤매는 나를 붙잡아
덜 여문 다짐 하나라도
다시 끼워 맞추고
일어서 보려 한다.

나의 한 점
나의 한 숨결까지
지상에 빚어 두고 살게 하신
어머니 영전에
나를 놓아 드린다.

2024년 여름

이경임

차
례

005　　　시인의 말

제1부 당신을 펼쳐 드는 오후

012　　　당신을 펼쳐 드는 오후
013　　　풍등
014　　　노을의 방향
015　　　나의 사소한 연대기
016　　　절반의 심장
018　　　잉여 인간
019　　　동피랑
020　　　복종의 미학
021　　　고립의 나날
022　　　11월 흐린 날에
023　　　어느 병실에서의 몇 소절
024　　　돌아가다
025　　　아프리카를 향해 해가 지다
026　　　곡우 무렵
027　　　그 저녁에
028　　　지구의 이웃으로 이사 가다
030　　　능소화
032　　　환절기 엽서

제2부 저녁 소감

034   저녁 소감
035   그 후
036   김밥 두 줄
037   이카로스의 행방
038   동감
039   처서
040   밤의 삽화
042   역광
043   쉰
044   뻐꾸기시계
045   괜찮은 봄
046   아무도 오지 않는 하루, 제라늄
047   흔적
048   이층집 옥탑방 2
050   간극
052   그림자 사냥
053   옛집을 기억하는 방식
054   부재
055   편의점 앞 의자에 앉은 여름 1

제3부 꽃이 피다

058 　꽃이 피다
059 　늦은 봄의 書
060 　편두통에 대한 분석
061 　봄날
062 　그곳에서 멈추자
063 　점층적 후회
064 　정원이 있는 집
065 　폭우
066 　에필로그
067 　수취인 불명
068 　이층집 옥탑방 3
069 　늦여름, 저녁
070 　별의 서사
072 　삼거리 슈퍼는 폐점 휴업 중
073 　물속의 집
074 　단장斷腸
076 　동지
078 　유등연지에서

제4부 봄, 다녀가다

080 　봄, 다녀가다
081 　어느 날의 안부
082 　믿음직한 독서
083 　아름다운 난청
084 　책방 안 아그리파
085 　공전
086 　진눈깨비 창밖 2
088 　밤의 시작詩作
089 　환상리 종점에서
090 　카시오페이아자리
091 　12월의 아가에게
092 　그날의 만찬
093 　실연
094 　편의점 앞 의자에 앉은 여름 2
095 　사흘
096 　당신의 저녁
097 　슬하
098 　첫눈

해설
102 　불멸의 성채, 슬픔과 그리움의 연대기 | 이정환

제1부 당신을 펼쳐 드는 오후

당신을 펼쳐 드는 오후

점심을 거절하고 돌아서 온 오후 내내
비릿한 어떤 것이 명치끝에 걸려 있다
긴 황혼 담담히 바라보며 식어 갈 마음인지

다시 돌아올 리 없는 옛일의 한 자락에
몇 알의 기침약 덧칠하듯 삼키며
무거운 책장을 펼친다,
당신을 읽어 간다

호젓한 시절을 우리가 다녀갔구나
오늘 웅크려 앓는 감기처럼 다녀갔구나
막차가 들어오는 소리 꿈결처럼 듣는다

풍등

복권 판매점에 또 한 번 희망을 사러 간다
지갑에 고이 접어 둔 희망은 사그라졌으나
비탈길 골목에서도 작은 창들 따스하다

골목길 오래 걸어 본 사람은 알고 있다
겨울밤에도 찾아들어 언 몸 누일 수 있는
따뜻한 방 한 칸의 위로가 폭죽처럼 환하다는 것

걸음이 잠기는 생의 메아리에 이끌리듯
가파른 길 끝에서 올려다보는 밤하늘엔
지갑 속 푸른 별 하나 손 흔들며 뜨고 있다

노을의 방향

대낮, 우체국 앞에서 문득 길을 잃었다

햇빛 소인이 찍힌 편지는 착하게 배달되고

우표에 막 새겨넣은 쇠기러기 날아오른다

집으로 돌아갈 길 주소를 복기해 봐도

입을 다문 우체통은 졸음에 겨운 듯,

잡담에 등 부푼 택배 상자 허공을 베고 눕는다

내게로 오는 모든 길이 자전을 거듭해도

날개가 얇아진 새는 돌아올 생각을 않고

귀소를 꿈꾸는 노을이 어둠을 끌며 오는 거리

나의 사소한 연대기

셈이 어두운 나는 원시의 어느 시대
이를테면 구석기 어디쯤의 인간이 되어
아무런 걱정도 없이 햇살을 보고 싶네
바람의 말을 익힌 잎 넓은 귀 열어
사람이 쏟은 거짓은 나뭇잎처럼 흘리며
저녁이 이슥하도록 바람 속에 서 있으리
한 덩이 고기를 허물없이 나누며
밤이면 배가 든든한 아이들 머리 위에
착하게 피어오르는 은하수를 바라보겠네
달이 떠오르는 숲속 어둠 한편에서
잠들지 못한 사람이 불어 주는 휘파람에
단꿈이 깊었던 새들, 지평선 너머 날아가고
빗살 몇으로 셈을 해도 그저 빈손의 가계家計
이 맑은 가난이 춥지 않은 동굴의 밤,
먼 들판 뛰쳐오르는 말발굽 하나 새겨넣겠네

절반의 심장

골목이 사라졌다
내가 살던 옛집 앞
좁고 긴 내장을 품은 골목이 사라졌다
열쇠가 맞지 않았던 청춘이 범람하던 곳

갓 물린 저녁상에 오른 싱싱한 고등어처럼
달의 수조를 휘저으며 뛰던 날들이었다
산란을 마저 끝마친 골목이 따라 뛰었다

처마 낮은 지붕들 눈 뜨는 아침에는
연한 비늘이 돋은 아이가 태어나고
치어의 아가미 열어 그들이 자라났다

사연을 지닌 섬이 밤마다 떠다녔고
달은 심장을 가진 수조를 방류했다
골목이 해류를 거슬러 빈집을 두드렸다

그 길에 내 푸른 맥박을 두고 떠난 지 오래
왼쪽 가슴의 숨을 잠시 멈추는 한때

심장을 나눠 가졌던 옛 골목이 퍼덕인다

잉여 인간

애벌레가 깨워 놓은 나비는 입이 없다

우화의 두근거림은 사육망에 걸렸다

소문을 뱉는 입들이 몸을 아프게 했다

나비는 안간힘으로 거듭 날아올랐으나

생육을 위장하던 관찰의 덫이었다

빈방에 잉여의 사체로 밤마다 무너졌다

숨을 멈춘 듯 나비는 미동이 없다

익명의 검은 손이 포집기를 흔든다

필사의 반항도 적의도 다 놓은 공복의 집

동피랑

바람 부는 날이거든 동피랑에 서 보라
떠나온 고요만큼 눈부신 저 햇살
한 땀씩 노을을 짓던
옥양목 엷은 하늘에

지난밤 휘몰아친 풍랑은 지쳐 눕고
비탈진 골목마다 그대가 돌아오는
환한 빛 만져 보고 싶은
서성거림 보이는지

지상에 오지 않을 별들이 잠에 드는
동피랑 초저녁이 왈칵 서러워진다
언젠가 돌아가야 할
사람들의 저 언덕

복종의 미학

배 뒤집어 복종을 표하는 짐승처럼
저기, 차 아래 드러누운 정비공
허옇게 드러난 배로 세상에 굴복한다

사람과 짐승 간 경계도 다 받들고
패배를 뒷등으로 끌어안는 쓸쓸함에,
어떤 자
그 젊음을 취하여 부복케 하였던가

저 아름다운 복종이 새끼들 입에 밥을 넣고
노모의 아랫목을 지피는 불이 되니
짐승의 포효보다 더 눈물겨운 사투였음을

고립의 나날

밤 열두 시

윗집에서 청소기를 돌린다

잠든 우주의 천구를 긁듯 천체가 흔들리고

하루치 서럽게 쌓인 고요가 무너진다

고장난 초인종과 열릴 줄 모르는 문

압력솥도 숨죽이며 돌다 멈춰선 지 오래

오늘 밤 어느 행성의 사멸을 적어 두려 하는데

배후가 분명한 이 소요가 밉지 않은 것은

돈황 석굴 깊은 적요에 숨겨 둔 유물처럼

어둡게 바래 가는 나를 두드리는 까닭이다

11월 흐린 날에

무의미한 하루다
깡마른 영혼의 뼈,
목청이 높은 새 저공으로 맴돌고
한나절 두드리던 자판도 바짝 날이 섰다

간밤, 잠이 얕아
모래알 같은 망막에
무채색 쓸쓸한 기억 몇 다녀가고
비릿한 저녁 하늘을 누군가 끌어내 온다

먼 데서 흘러드는 불빛에 마음 기대어
낯선 이의 어깨라도 감싸 안고 싶은 날에
모두가 한껏 낮아져 목이 잠기는 그런 날에

어느 병실에서의 몇 소절

도심의 불빛이 사무치도록 환하다
긴 여정 끝자락에 맨발로 걸어와서
눈발이 날리는 하늘 담담하게 바라본다

예전의 불빛도 오늘과 다르지 않고
더 아름답게 반짝이려던 고뇌의 날들
어두워 되짚을 길 없는 밤으로 다가온다

시간의 나사를 조이며 바짝 쫓아오는 밤
타협을 생각지 못한 네온사인 하나 켜지고
그대로 또 눈물겨운 세상의 하룻밤이다

조금씩 세상에서 나는 지워져 가고
음습한 생과 사의 갈림길에 한 걸음 더
저만치 봄이 오는데
불가항력의 봄이 오는데

돌아가다

고인을 돌아가셨다고 무심히 말하지
태곳적부터 지상에 다녀간 무수한 이들
어디로 돌아갔을까
어디로 옮겨갔을까

두고 온 어느 전생의 뒤안길 걷고 있거나
끝내지 못하고 온 전장을 포효하거나
짐승의 순한 눈으로 가만 엎드려 있을까

어머니 돌아가신 그곳은 꽃이 환한지
밤마다 가늠도 어려운 축문을 쓰며
기어코 어머니 품으로 돌아가고 싶은 나는

아프리카를 향해 해가 지다

4박자 강약의 조율에 느슨해지는 것
날것들이 발톱을 땅속에 파묻으며
순응의 순간을 향해 끄덕이는 비린 시간

렙티스행 표를 끊으며 빈방을 걸어 잠근다
들끓던 하루살이도 부화를 기다릴 것이다
어떻게 팽창과 수축의 날 선 현絃 달랠 것인가

종일 걷던 뒤꿈치에 문턱을 넘는 고단함
당신의 무뎌진 상처 촘촘히 꿰매며
더 멀리 새로 난 항로 좌표에 그려 넣는다

끝끝내 지지 않는 태양을 연주하며
서쪽으로만 펄럭이는 미완성 악보에
아무도 해가 지는 하늘 올려다보지 못한다

곡우 무렵

그저께 부친 편지는 어디쯤 가고 있을까
단비에 젖살 오른 산자락이 참 멀다
아껴 쓴 몇 개의 구절 따라 마음이 서성인다

빗소리 닿는 곳마다 아프게 네가 번지고
뜬눈으로 뒤척이던 구름이 물러간다
정오엔 물오른 부름켜마다 낮달이 뜬다

잊고 살아야 할 것들이 뚜벅뚜벅 오는 소리
긴긴 망설임을 접어 봉투에 넣는 소리
들린다,
적막한 계절을 네가 펼쳐 드는 소리

그 저녁에

거기, 너 앉아서 하염없는 노을이다
떠나는 사람 향해 무릎 꿇던 간곡함
이 저녁
미동도 없는 어스름으로 스며든다

거기, 너 앉아서 하염없는 어둠이다
꽃망울 터지는 소리 아프게 들으며
저만치
멀어져 가는 숨결 짐작한다

거기, 너 앉아서 하염없는 슬픔이다
목젖을 짓누르는 눈물이 시가 되는
이 슬픔
견뎌 보기에 참 괜찮은 저녁이다

지구의 이웃으로 이사 가다

아직은 마땅한 이름 갖지 못한 어느 별
지구의 이웃 행성*으로 이사를 갈까
이 땅에 얻지 못한 집 한 채 쉽게 구할 테니

밤마다 저 먼 도심 불빛을 바라보며
따스한 등 밝혀 둘 방 한 칸 얻지 못해
뒷골목 낯선 처마에 눈물자국 숨기지 않았던가

39광년쯤 묵묵히 걷고 또 걷다 보면
방세보다 더 착한 불씨가 번져 오는
그곳에 궁색한 살림 풀어놓을 수 있으리라

아는 이 하나 없어 외로운 밤이 오면
지구의 고단한 설움 방 안 가득 지피며
토실한 콩꼬투리 같은 일가를 이루어야지

먼 지구 어느 외딴 골목길 헤매 다니며
유성처럼 떠도는 사람들 내려다보이면
반가운 우주의 등대 이정표로 밝혀 두겠네

＊'지구의 이웃 자매들' 행성 7개가 39광년 거리에서 발견됨.

능소화
―요양원에서 아들에게 쓰는 편지

나의 이야기는 어릴 적 네 자장가였다

무거운 속눈썹에 내려앉던 항해의 꿈

먼바다 거친 풍랑 위 기우뚱한 섬을 놓고

가끔은 돌아와 내 무릎을 베던 방랑객

또 어디로 가야 하는지 유리벽 너머 서성이다

뒤돌아 울음을 쏟던 어지러운 봄날의 끝

네가 왔다가, 또 어느 날은 네가 아니었다가

목이 꺾이도록 네 발소리 간절하던 날에

염천을 가까스로 딛고 한 뼘 하늘 우러른다

사람의 눈물을 받아 연명하던 꽃이 있어

그 눈물 다 받아먹고도 쓸쓸히 기울어져

담장 밖 저 환한 세상 야윈 눈으로 지운다

쇠잔한 목소리로 오늘 밤도 너의 꿈에 들어

이 분분한 날들에 파랑새*를 들려주며

잠잠히 식어가는 내 심장에 너를 새겨 넣으며

*벨기에의 동화

환절기 엽서

열꽃이 핀 저녁의 메마른 입술에는
처연한 이름 하나 오래 얹혀 있다
목젖을 넘지 못하는 붉디붉은 환절기

오늘은 기어코 비가 내릴 것인가
한 무리 비구름이 생각 속으로 몰려와
저 땅끝 꽃의 진원을 보고야 말겠다니

며칠 앓은 기척은 압화처럼 쌓여서
선명해지려는 안간힘 일몰에 젖고
자욱한 식은땀 같은 허기가 찾아온다

세상에 아프지 않은 이들 모여들어
싱싱한 저녁 밥상 왁자하게 차릴 때면
설레는 낯빛이 되어 훌훌 털고 가야겠다

제2부 저녁 소감

저녁 소감

저물녘
참 오랜만에 가슴이 두근거린다
그대를 지나오던 수많은 걸음들
골목 끝 외등 앞에서 점점이 흩어지고

그 길에 나도 있어,
그대를 지나간다
한 번도 닿은 적 없었던 사람들처럼
다 닳은 일기장 속에 머물던 사람들처럼

저녁은 깊게 깊게 울어 본 사람의 집
눈물 같은 불빛 따라 창이 닫히고
어쩌다 올려다보면 목이 메는 하현의 밤

그 후

밤하늘 모든 별이 반짝이는 건 아니다
우리가 올려다보던 그날의 선연한 별
불현듯 검은 하늘 뒤로 숨어버린 까닭이다

낡은 여관 창문이 삐걱거리는 소리
밤새도록 폭죽을 터뜨리던 해변가
밤늦은 골목길에도 손 뻗으면 뜨던 별

무성한 소문들 뒷주머니에 접으며
연약한 아침을 날마다 추슬러 봐도
또다시 떠오르기엔 너무 캄캄한 길

마지막 주소를 지우고 어둠을 걸어
빈방에 몸을 눕힌다, 불을 끈다
망연히 하늘의 뒷골목 더듬더듬 만져 본다

김밥 두 줄

먹고살겠다고 김밥 두 줄 사 들고 온다
먹고살겠다고 주인은 김밥을 말아 판다
한순간 두 손이 스치며 생의 각오가 팽팽하다

바람은 살을 에는데 눈시울이 뜨겁다
힘겹게 넘어가는 밥알에 목메어 울컥
여전히 먹고사는 것은 울컥하는 일인지

침울한 바람 앞에 휘청거리는 오늘 하루
다수의 각오들이 화석으로 굳어 간다
기댈 곳
김밥 두 줄뿐인 무거운 얼굴들

이카로스의 행방

지금 당신은 이 창을 지나고 있다
한때는 푸르렀을 플라타너스 길 위로
굽은 등 말아넣으며 거처를 찾을 것이다

얄팍한 껍데기에 야윈 몸 구겨 맞추며
흐릿한 창 안을 들여다보던 앙다문 입
시선은 끝내 맞추지 않고 쉰 목으로 서 있다

가쁜 숨 몰아쉬며 신호등처럼 휘청인다
금방 눈이라도 쏟아질 듯한 하늘 아래
지친 듯 꺾은 관절만 한 마디씩 핥고 있다

어디서 저녁연기를 피워 올릴 것인지
점액이 다 마른 길모퉁이에 엉거주춤한
당신은 세상이 놓친 무연고 마네킹이다

동감

한 번도 본 적 없는 이의 문상을 간다
핏발 선 눈으로 서 있던 조등 몇 개
망자는 문상객 향해 손짓을 보낸다

아내는 필라멘트처럼 끊길 듯 이어질 듯
여린 숨 핏빛 울음 엎드려 쏟고 있다
선향의 연기가 매운 건지 밤하늘도 쿨럭이고

영정은 아내가 가여워 어쩔 줄 모른다
제상에 얹힌 밥이 다 식도록 목이 메어
수저도 차마 들지 못해 수척한 얼굴이다

낯선 망자가 대접하는 마지막 한 끼
처음 받는 이들도 목이 메기는 마찬가지
모두가 공복인 채로 입을 닫은 그믐밤

처서

검은 저녁이 무수한 실타래 풀어헤치며
미명의 축축한 발목 은밀히 붙잡는다
점등을 시작하지 못한
지구의 깊은 적막

몇 걸음
슬픈 기억으로만 서성이는 동안
지평선 너머 내 뒤를 부여잡는 목소리
혼곤한 꿈속이었다
당신은 너무 멀다

풀이 자라지 않는 당신의 마른 집
살 오른 달빛은 발을 떼지 못하고
등뼈가 단단해진 새벽,
고양이처럼 온다

밤의 삽화

당신이 접어 두고 간 밤의 모퉁이에

어깨를 늘어뜨린 슬픔이 구겨져 있다

아무도 기억하지 않는 누군가의 울음이었다

지구가 삼킨 달을 뱉던 그 밤의 외곽

달의 눈 붉게 젖어 그림자를 비우고

우리는 낯선 얼굴로 바람 속을 간다

뒤돌아보지 말아야 할 것들이 등을 떠밀고

아물지 않은 상처는 골목 끝 집에 불을 켠다

무수한 저녁을 앞세워 숨어 있고 싶었다

불시착의 계절이 숨기 좋은 이 별의 경계

낮은 처마도 앙다물던 과거가 표류하고

지붕들 속눈썹에 맺히는 월식 한 방울

역광

먼 길을 헛돌다가 가까스로 돌아온 날
며칠 앓던 몸살에 식은땀 젖은 저녁 빛
이 늦은 귀가를 기록하는 손등이 흐려진다

당신을 생각하는 동안 침묵은 완강해져서
힘겹게 과거로, 과거로만 굴절되고
홀연히 사그라드는 초점 끝의 피사체

이렇게 비껴가도 좋을 시간이 왔다는 것
아무렇지도 않게 커튼을 내릴 수 있다는 것
일말의 연민도 없이 새벽을 맞을 수 있다는 것

쉰

아무도 읽어 주지 않는 글을 쓰려고
모처럼 책상 앞에 엎드린 한밤중
먼 창밖 화려한 불빛
이제는 생경하다

한때는 저 속에서도 빛나는 별이었을 텐데
침침한 눈을 부비고 또 부비며 앉아
천체가 움직이는 소리 들어 보려 애쓴다

별의 말 들을 줄 아는 시절에 이르러
이번 생 다녀간 기척이라도 남겨두려
별자리
한 땀 한 땀 기우며 나도 어두워져 간다

뻐꾸기시계

언제부턴가
집에서 떠밀려난 저 남자
밑단이 다 닳은 바지를 추스르며
아무리 되돌아봐도
이름이 없는 저 남자

담배를 물던 자리 다시 그 처마 밑
체납한 고지서들 바지춤에 감추며
성대를 잃어버렸는지 우는 법도 아득하다

붉은 등 언저리를 서성이다 맞는 새벽
발아래 낭떠러지 하염없이 굽어본다
멈춰 선 바늘 모서리에 깊숙이 찔리는 폐부

괜찮은 봄

그 길에
영산홍 붉디붉은 안간힘이었네
붉은 꽃 피었다고 편지를 쓰지만
우표는 바람이 물어 가고
꽃빛만 남아 있네

꽃이 온 길을 나비가 뒤따라와
깊은 봄의 적막을 허공에 놓아주고
아무도 울지 않았던
봄날이라고 중얼거리네

아무도 오지 않는 하루, 제라늄

헐렁한 티셔츠에 무릎 나온 바지를 입고
슈퍼에 다녀온다 느릿한 오후의 집
꽃대를 힘껏 밀어 올린 뿌리가 앙상하다

압력솥 추가 돌고 밥이 익는 소음들
이명이 더한 날엔 그리움도 통증이다
꽃 붉은 한때가 있어 더 저릿한 빈집

저녁 거리 어디쯤 당신이 오고 있다면,
불 꺼진 막차처럼 아득한 기다림이
깜깜한 뿌리 속의 길 하나 찾아든다

사나흘 앓던 몸살 끝
텅 빈 몸이 되어
이제는 괜찮다고,
불을 끄는 한밤중
씨방을 다 털어내고 앉은 꽃이 환하다

흔적

나는 맑고 따뜻한 바다에 서 있네
바람은 한순간 파열음으로 흩어지고
태양의 마지막 빛까지 머금은 모래밭

한 생애 스쳐가던 모든 손길 다 놓고
풍문에 등 떠밀려 가까스로 피어나던
해당화 여윈 목덜미
이곳에서 보고 있네

눈이 멀도록 푸르른 하늘이었네
심해의 폐허 속으로 떠나보낸 지난날
불 꺼진 등대 아래 혼자,
그런 저녁이 오고 있네

이제는 이 바다 잔잔한 물결에 흔들리며
그만, 달콤한 낮잠처럼 쉬고 싶다던
연약한 당신 목소리 뼈아프게 듣고 있네

이층집 옥탑방 2
―에필로그

추억은 아름다운 과거의 이름이다

베개 밑에서 밤마다 물소리가 흘러나왔다 발원을 알 수 없는 물소리는 잠기지 않는 창문에서도 흘러내렸고 깨진 부뚜막 타일 틈새로도 스며들었다 그해 여름, 옥탑의 밤은 축축하고 질척거렸다 곰팡이가 꽃 무더기처럼 피어나 벽 속으로 흘러가는 물을 받아먹으며 자라고 불 밝히면 새로 피어나는 꽃들에 멀미를 앓았다 우기의 시간이 비탈을 힘겹게 오르고 거기, 네가 서 있던 그날들은 벽 속 깊은 곳에서부터 피어나던 꽃의 앙칼진 비명 소리뿐 창을 열면 벼랑보다 더 깊은 밤이 엎드려 물소리를 키우고 맨발로 자박자박 물을 건너는 과거가 주저앉아 울고 있었다 오래전 떠나와 어두운 방 스위치를 찾듯 더듬거리며 몇 개의 물줄기를 기억하는 그 방을 아름답다고 말할 수 있을까 추억은 진열대 안에 금빛 리본으로 꽁꽁 동여매인 채 나열되어 기억의 한 모퉁이를 둥둥 떠다녔다 빛나는 것은 추억이 아니라 포장을 가장한 리본이었으나 희미한 가로등 아래 모인 사람들은 그것을 추억이라 웅성거린다

추억은, 아름다울 수 있을 때 불러주는 이름이다

간극

1.
신새벽
장의차 긴 행렬이 스쳐 지난다
불현듯 저절로 움켜쥐는 운전대에
사력의 본심이 도사리는 생사의 교차점

2.
몇 걸음 뒤
뒷모습만 골라 밟는 그림자
태엽이 죄다 풀리는 시계방 앞에 선다
하나의 매듭이 되지 않는
내 몸의 푸른 비늘

3.
아파트와 아파트 사이
바다가 놓여 있다
밀실로 연결된 두 개의 문이 굳게 잠겨
최후의 증언으로만
출구를 더듬는다

4.
내 피톨을 떠도는 점액질의 긴긴 시간
고생대를 거쳐 저 문밖에 이르는 동안,
집요한
시선을 쫓아
날아오르는 흰나비

그림자 사냥

자정, 사방으로 흩어지는 발소리
골목 끝이 어두운 건 숨겨 둔 것 많은 까닭
돌아선 네 뒷모습에 가위눌린 잠결이다

가로등 굽은 어깨가 활시위를 당긴다
흥건한 땀에 젖어 꿈을 깨던 빈자리
과녁은 완강한 꿈이 흘려 놓은 자락이다

희붐한 빛의 언저리 균열된 상처 틈에
포박 당한 과거가 고개 숙이며 돌아온다
자꾸만 걸음에 밟히는 그림자의 이름은

옛집을 기억하는 방식

빗속에서도 옛집은 찬란하게 서 있다
샹들리에 같은 빗방울 창마다 매달고
언젠가 돌아올지도 모를 사람을 향해 서 있다

먼발치 꿈처럼 다녀가려 했으나
하소연하는 빗소리에 흐려지는 내 발길
모두가 옛날이 되어 서성이는 그림자

사력을 다해 외면하려 잠을 청해도
설핏한 꿈은 이끌리듯 그 자리에 돌아와
연대를 기록할 수도 없는 눈물을 쏟고 있다

부재

무심한 표정으로 사람들이 떠나갔다
등을 보이는 건 간절함을 버리는 일
빈방에 우두커니 앉아 시간을 헤아리는 일

벽지의 꽃무늬가 새삼 눈에 들어오고
기우뚱한 식탁이 그제서야 보인다
어째서 남은 것들이 이제 겨우 보이는지

선반에 엎힌 그릇과 어지러이 놓인 신발
몇 통의 부재중 전화와 싹을 놓친 화분
이 모든 마음 떠난 흔적
혹독한 감금이다

겨울이 오고 있는데
두통처럼 오고 있는데
겨울잠 같은 기다림 만년설로 쌓여
남겨진 나를 지운다
먼 어둠도 잠재우며

편의점 앞 의자에 앉은 여름 1

이 거리는 쓸쓸한 물살에 휩싸였다
오늘도 당신에게 타전하는 무선 부호
답신은 김빠진 맥주처럼 내겐 닿지 않는다

종일 바람 한 번 다녀가지 않는 수평선
눈부시던 기다림은 물결에 접히고
꿈 밖을 떠돌던 열대야 밀물에 씻긴다

종이컵에 스며드는 짙은 햇살 부스러기,
낮술에 취한 듯 주저앉는 여름이
아련한 소실점이 되어 심해에 잠긴다

신호등 앞 사람들이 천천히 흔들린다
태양의 백혈구를 유목의 촉으로 읽고
바다에 아직 오지 않는 찬란을 기웃거린다

제3부 꽃이 피다

꽃이 피다

간밤, 꿈결에 다녀간 이를 생각한다

거의 다 걸어온 한 생애 젖은 자리

홀연히 사라지는 꿈조차 아프게 멍울지는데

집으로 돌아가지 못한 상처가 떠도는 건가

차가운 눈으로 바라보며 서 있던 물상

내 안에 차마 들이지 못한 내가 아닌지

어쩌면 오래도록 문밖을 서성이며

내 잠을 두드리다 돌아서는 내가 아닌지

이 슬픈 잠의 기원이 붉은 아침이다

늦은 봄의 書

꽃 진 자리에 머물던 나비가 떠났다
나비는 꽃이 남겨둔 기록을 읽다가
홀연히 스러져 간 꽃의 말문을 닫아 주었다

나도 언젠가는 시詩의 문을 닫고
한 번도 오지 않은 듯 그렇게 떠날 것이다
다시는 꽃피지 않는 자리
나비가 스쳐가듯

편두통에 대한 분석

빌딩 숲 사이 저 별은
내 편두통의 증거다
혈류를 거스르며 한곳으로 기우는 몸
더 갈 데 차마 없어서 모퉁이를 자처한 별

울란바토르 하늘에 씻은 듯 붙박이는 건
남은 짐 마저 싸는 쓸쓸한 편지 한 장
어차피 돌아갈 길은 몇 알의 통증 완화제

두 눈을 감으면
소리가 더 환하다
소슬한 바람 몇
무심코 지나치는,
내 생애 한 귀퉁이에
누군가 떠나가는

봄날

경추가 굳은 나는 진화가 더딘 사피엔스
밥을 먹고 잠을 자는 사소한 하루보다
빛나는 인생을 꿈꾸며 거듭 허물을 벗었다

직립은 아름다웠으나 춥고 어두운 밤의 꿈
수첩에 빼곡히 적힌 목록이 무겁고
함부로 기록해 놓은 생애가 곤두서 있다

내 안에 깊게 새긴 난독의 문자들
햇빛에 투영되는 시간을 읽고 있다
치명의 또 하루 그만 놓고 하늘을 본다

그곳에서 멈추자

수성에서는 좀처럼 해가 지지 않는다지
해가 뜨고 지는 데 두 해가 걸린다는 곳
사랑도 지치지 않는 그 별에 닿기로 하자

찬란히 떠오르는 태양을 바라보며
오로라처럼 몽환적인 사랑을 시작하면
쓸쓸한 골목길 어둠은 보이지 않을 테지

폭풍우 없는 별의 언덕에 나란히 서서
죽도록 사랑한 기억만 남겨두자
태초의 내막을 숨긴 밤 작별하듯 걸어오고

태양을 찾아서 잡았던 손 그만 놓치면
사랑은 해 뜨는 그곳 수성에서 멈추자
지구의 하늘 위에 다만 머물러 빛나게 하자

점층적 후회

간밤의 이명처럼 비 내리는 아침

당신의 안부가 궁금해져 서성이네

메마른 집 어디에도 꽃이 피지 않는 봄

가끔씩 불이 켜지는 건너편 저 집처럼

홀로 잠든 당신의 어두운 집에서도

때로는 꽃봉오리 등불 켜졌으면 좋겠네

비 내리면 화분을 옮겨 놓던 당신 앞에

눈물에 젖은 꽃다발 놓아 드리고 싶네

간절한 이 봄의 전언 들려 드리고 싶네

정원이 있는 집

예순 즈음엔 조그만 정원 하나 세 얻어
백설기 시루 같은 식탁을 들이겠네
두 볼이 발그레해진 등 몇 개도 밝혀야지

제라늄 수줍은 향이 일제히 손 흔들면
집으로 돌아가던 어린 새도 잠시 들러
긴 항로 한끝을 찍는 고즈넉한 이 생애

측백나무 그늘에 턴테이블 걸어 놓고
숯불을 피워내듯 온몸으로 피는 꽃
그 환한 아우성조차 손잡아 앉혀야지

아이가 돌아오는 초저녁 노을 아래
자수가 아름다운 식탁보 펼쳐 놓고
따뜻한 저녁 식사를 도란도란 나누겠네

갈 길이 먼 짐승의 푸른 이마 짚으며
눈 맑은 사람의 온순한 호흡으로
목성이 밝게 빛나는 밤하늘 마주하겠네

폭우

조문을 마치고 온 저녁 내내 허기진다

염치도 잊은 듯이
허겁지겁 수저질에

등짝을
후려쳐대는 망자의 노여움인지

에필로그

꽃을 피우는 건 우리의 일이라 했다

제 살을 찢어 통점으로 피어나는 일

그 또한 환해져 오는 어느 생이라 믿었다

정맥이 또렷해지는 아침의 말간 얼굴

흔들림 없이 서 있던 그때가 청춘이었을지

사막에 별이 다 지고 우리도 지는 날들

눈물을 저장한 은둔의 뼈 자라나고

모두가 방관자였던 계절이 지나갔다

그렇게 낯선 얼굴로 나도 나를 지나쳐 갔다

수취인 불명

늦잠에서 깨어나 화분에 물을 준다

햇빛처럼 톡톡 터지는 오후의 미립자

나른한 얼굴이 되어 적막을 펼쳐 놓는다

열망의 한 시절이 내게도 있었던가

하나씩 닫히는 세상의 문 앞에서

얼마나 오랜 시간 동안 멈춰 서 있었을까

우체부는 또 축 늘어진 어깨로 돌아가고

두툼한 솜이불처럼 시간이 잠드는 집

한동안 찾을 길 없는 불명의 행성 하나

이층집 옥탑방 3
―그리고 오랫동안

사람들이 떠나갔다
새가 울지 않았다

 이 위태로운 보행을 그만 끝내고 싶었다 한 발 내딛는 밤마다 너라는, 깊이를 가늠할 길 없는 늪에 빠져 허우적거렸다 먹이를 향해 내려앉은 새의 발자국에 새겨진 비명을 늑골에 채워 넣으며 나를 버려두었다 극야의 하늘에 상형문자처럼 아침을 그리고 또 그렸다 해가 뜨지 않는 이국의 도시에서 우리는 마침내 무관한 사람들로 살아가고 습관처럼 상처의 뒤편에 숨어들었다 우리 앞에 놓인 간극은 밤새도록 귓가에 떨어지는 수돗물 소리보다 더 크고 아프게 맺혀 왔다

 눈물을 그렁그렁 매달고 내게로 온 새 한 마리

늦여름, 저녁

봉투를 뜯지 않은 책이 나뒹군다
돌아누운 등 뒤로 실뿌리 뻗어 가며
견고한 입을 벌리는 활자
쓸쓸한 음각이다

누운 자리가 허공인 듯 소슬한 몸 기울고
온종일 쏟은 말에 바람이 흔들린다
고립된 또 하나의 계절이
비에 젖고 있는데

문 앞에 다정하게 놓인 꽃들의 내력
미안한 어느 생이 다녀간 듯 쓰라리다
여름이
한길을 지나
낡은 책방에 불 밝히는 날

별의 서사

건넌방 젊은 여자가 가까스로 몸을 풀었다

밤새 함박눈이 무릎까지 내렸고

눈처럼 희고 보드라운 아이가 울었다

안채의 부엌에는 미역국이 끓었고

삼신상 차리는 어머니 뒤를 따라

우리는 푹푹 발이 빠지는 마당을 뛰었다

어느 날 문득 떠오른 초저녁 샛별처럼

분홍빛 이마가 빛나던 아이의 그 밤

별들의 두터운 축이 한 걸음씩 물러섰다

안개 걷히듯 그날의 배경 하나둘 사라지고

새 별을 축원하던 노쇠한 별 하나,

성단의 깊은 어둠 속으로 쓸쓸히 흘러간다

삼거리 슈퍼는 폐점 휴업 중

낮달을 올려다보며 개가 짖는다
인적 없는 가게 안 여백이 문을 밀고
샛길을 뒤뚱거리던 노파는 오질 않는다

라면 봉지에 쌓인 먼지만큼 두터운 졸음
적막의 문지방을 밟던 이들은 어디에
짓무른 눈을 비비다 오수에 든 늙은 개

폭포처럼 쏟아지던 인파는 꿈이었던가
여름날 단잠에 갇힌 실금 같은 꿈의 구근
삼거리 관절 마디에 균열로 시들고 있다

물속의 집

비가 그쳤다
빗나간 일기예보
마른 꽃 한 다발 팽팽하게 부풀었다
전화도 울리지 않는 오후를 지나는 사이

선반에 얹힌 인형들
어깨가 기우뚱하다
표면 장력이 사라져 검푸른 수면 아래
침잠이 깊었던 과거, 일기를 덮는다

푸른 물길 헤치며
누군가 찾아들 집
부르튼 빗장을 풀어 방류를 시작한다
태엽을 단단히 감은 변명 한순간 출렁인다

단장斷腸

1.
뜻밖의 파행이다
눈물샘이 말랐다
아이가 걸어간 길
실금의 파편 자국
망막에 먼지바람만 바닥을 치고 있다

2.
간밤에 아이는
찬이슬 속에 서 있었다
제 몸을 길러온 우물
죄다 퍼 올리고 난 뒤
좀처럼 채워지지 않는 깊이를 들여다본다

3.
갈라진 실핏줄 위로
인공 눈물이 흘러간다
꿰매도 아물지 않는
심장의 틈 사이

산고를 새로 치르는 비명이 솟구친다

동지

두꺼운 솜이불 아래
고만고만한 발 여럿

부뚜막을 빠르게 스쳐가는 고양이 울음

하늘엔
잔뜩 움츠린 별의 느릿한 걸음

네 눈동자 더욱 맑아져
마음이 지극해지는데

방문 밖 어둠은
유빙처럼 떠돌고

전설로 가라앉던 이야기
문을 열고 들어서던 밤

따끈한 아랫목에
추억으로 모인 발 여럿

화석으로 봉인된
옛날을 잠 깨우고

고요히
어깨를 안고
유년을 들여다보는

유등연지에서

담뱃불 피워 물던 사내는 말이 없다
몇 번의 오류를 거쳐 더듬어 온 습지는
상처 난 아가미 열어
혼잣말 쏟아낸다

흉곽에 꽂힌 바늘이 어눌한 찌를 떨며
목소리 버린 물고기의 부릅뜬 울음들
무작정 건져 올려도
내딛는 길은 어디에

실핏줄 터져 버린 연꽃의 정수리에
여린 발 디뎌 숨 고르는 여름새 한 마리
사내의 신음을 물고
먼 허공을 저어 간다

제4부 봄, 다녀가다

봄, 다녀가다

불 끄고 누운 봄밤
꽃 지는 소리 듣는다
아픈 꽃 하얗게 지는 소리에 젖는 베갯잇
문 열고 오래, 우두커니
세상의 이별을 본다

당신은 여린 순 같은 귀를 겨우 열고
얼마나 많은 밤 꽃 지는 소리 홀로 들었을까
꽃 지면 따라 지는 날
쓸쓸히 셈을 하며

쌓이는 처방전들 소요를 맑게 씻고
내 슬픈 잠의 잎 오래오래 어루만지던
당신의 불 꺼진 창 앞에서
봄이 한참 울다 가네

어느 날의 안부

빗소리에 마음 붉어지는 늦은 오후

자작나무 숲을 다녀온 바람에 이끌려

먼 산중 석양빛 짙은 하루를 써 내려간다

우산을 접고 흐린 창에 불을 밝히며

배웅 못한 낮달의 무거운 걸음 생각하는데

혼자서 가야 하는 길은 왜 다 젖어 있을까

고막이 점점 얇아져 모든 소리가 쌓이는

비 오시는 봄날, 키 낮은 처마 안으로

물오른 나무의 연민 나지막이 흘러든다

믿음직한 독서

때로는 이름만 보고서도 값을 치르는

믿음직한 시인이 있다 그런 시집이 있다

고요한 음역을 가져 더 아름다운 까닭이다

늦은 밤 잠 못 들고 일어나 앉은 시각

연애편지 뒤적이듯 책장을 펼쳐 든다

예전에, 누구를 그토록 사랑한 적 있던가

그 사랑에 상처 입어 흐려지는 행간으로

환하게 건너오던 따뜻한 문장들

한없이 어둡고 깊은 밤을 견디는 기도였다

아름다운 난청

호스피스 병동에 떠밀리듯 가을이 왔다

어느 먼 길 가는 듯 당신의 흐려진 눈

서둘러 커튼을 닫는 가을이 찾아왔다

힘겹게 발을 떼는 별자리가 비운 외곽

사소한 삐걱거림에 천체가 흔들리는데

통점을 어루만지던 저녁이 등을 쓸어안는다

한 번도 가지 않은 길을 나서는 당신

마른 잎 켜켜이 쌓이는 절망을 닫고

옛 시절 꿈에 드는지 모처럼 숨이 부드럽다

책방 안 아그리파

겨울 햇볕은 늘 그렇듯 오른쪽 뺨의 몫
왼쪽 짙은 음영 위 목탄이 부러지고
아무도 다녀가지 않은 어두컴컴한 책방 안

가득한 먼지의 서書, 부음처럼 숨죽인다
전장을 빠져나온 사내의 쓸쓸한 침묵
앙다문 입술 사이로 흘러가는 저녁 빛

멈칫, 빠른 손놀림이 잠시 망설인다
어느 시대를 옮겨 와야 마침내 완성인지
웃음을 잃어버린 그는 헌책만 뒤적인다

가끔씩 지나치는 시선들 흘낏 보며
흩어진 이력서를 주섬주섬 주워 든다
오래된 전화기 발신음 어둠 속에 그득하다

공전

먼 곳을 돌아와 다시 그 자리에 섰다

꽃 지던 붉은 길에 또다시 꽃의 상처들

하늘을 옮겨 놓으며 후둑후둑 떨어진다

늙은 낙타가 상처 자국 근심으로 밟으며

끝 간 데 없는 사막을 눈물로 건너가는,

일몰의 한 시각 또한 우주의 더딘 걸음일 터

우리가 무심히 놓고 온 옛길 위 계절이

빈집을 찾아 제 몸을 지피며 사라져 갈 때

우주는 밤새 켜 두었던 불을 끄고 창을 닫는다

진눈깨비 창밖 2

석양에 앉아 오래도록 조각 퍼즐을 맞춘다

이제는 짓물러 버린 눈가 연신 닦으며

점점 더 흐릿해지는 하루를 끼워 맞춘다

아무리 애를 써도 맞지 않는 퍼즐판

점심은 설익은 라면 한 개가 전부였다

대문이 열리지 않은 날이 길고 길었다

'폐쇄' 안내문이 입구를 막아서는 복지관

온종일 한 번도 울리지 않는 전화기는

충혈된 생의 모서리 더딘 숨을 삼킨다

새벽이 오지 않는 혼돈의 먼 하늘에

마지막 퍼즐 조각처럼 사라져 간 아내

방 안에 그림자 하나 두고 와르르 흩어진다

밤의 시작詩作

불빛 아래 엎드려 흰 종이와 맞선 이 밤
타역의 빈 하늘이 서둘러 어두워졌다고,
유성우 스치는 듯한 이번 생을 끄적인다

우리가 쓰다 버린 미욱한 일기들
쓸쓸한 나열법으로 허공에 흩날리고
출구를 잃어버린 후회 범람을 거듭한다

내 잠의 먼 곳에서도 사랑은 단단해야만
말갛게 풍금 소리 피고 지는 뜰에 앉아
물비늘 반짝거리는 한 문장 놓아줄 텐데

날 선 지문의 사잇길에 비 내린다
오늘도 혼자 잠드는 밤의 속눈썹에
고요히 흘러내리는 한 줄 젖은 뒤척임

환상리 종점에서

메마른 대지 위로 황사가 몰려온다
타클라마칸의 질주에 가로등 눈이 멀었다
어디쯤 덜컹거리지 않는 내가 서 있게 될까

태양이 사라져 간 하늘 아래 모래바람
폐허가 된 하루가 표식 없이 가라앉고
물러선 지평선 뒤로 옛일이 저물고 있다

지상의 궤적 삼켜버린 바람의 궁리 끝
단단한 다짐 하나 나부낄 곳 찾지 못해
내 삶도 마저 탁본하고 난류를 거슬러 간다

카시오페이아자리

오래된 바람벽에는 조금씩 틈이 있다
우리가 알지 못하는 시공을 건너오며
여린 꽃 메말라 가는 시간을 안고 있다

그 기척 품었던 습관 같은 많은 날
그대가 아니고는 길이 없던 생의 바깥
별들을 밀어 옮기던 바람이 무겁다

내 창을 올려다보던 뜻 없는 다짐에
한 번쯤 뒤돌아보던 의지마저 허상이던가
사나흘 밤하늘 밝히다 떠나는 초신성처럼

그대는 내 오랜 몰두의 시린 별자리
멀어서 닿지 않는 상처의 궤도 위에
아프게 머물러 왔던 하나의 바람벽이었다

12월의 아가에게

아이가 왔다 푸른 달빛의 음계를 베고
아이가 왔다 저녁 강에 이마를 씻고
깨끗한 어둠을 디디며
첫눈처럼 왔다

태양은 걸음 돌려 발아래 비춰 주고
진실로 축복하는 사람들 머리 위에
따스한 숨 불어넣으며
갓 돋은 날개로 왔다

첫 숨결 따라 우주의 심장이 뛰는 밤
하늘이 엮은 전설 두 손에 받고서
고결한 품계를 안은
빛나는 아이가 왔다

그날의 만찬

아무도 말이 없었다, 때늦은 저녁상
식어버린 밥상에 침묵이 결리고
숟가락 부딪치는 소리 그늘지던 그 밤

창밖에 저 혼자 피어나는 나팔꽃
하늘에 뿌리내린 별의 무늬 닮아 있고
무너진 밤의 관절이 기우뚱하게 버텼다

얼마나 긴 공전의 바퀴를 굴려야만
또다시 이 밥상 앞에 무릎을 맞대고
만개한 어둠을 나누며
숨소리 들을 것인가

실연

화분의 꽃들이 죽어가고 있습니다
숨쉬며 살아 있는 것들의 숨가쁜 지옥
하얗게 마른 뿌리로 시간을 짚습니다

귓속 가득 수돗물 방울 천근 같은 한낮
성긴 몸 추스르는 저 연한 잎맥 위로
포르릉 슬픈 소리로 날아오르는 어린 새

소스라치는 잠결도 한 잎으로 떨어지며
박제된 정적으로 흩어지는 꽃잎들
마침내 여위어 가는 목숨
가늠만 하고 있습니다

편의점 앞 의자에 앉은 여름 2

목이 말랐을 거야 땡볕이 짙었거든

큰길가 캔맥주가 놓인 파라솔 의자에
여름이 건들거리며 휘파람을 분다

끈적한 소프라노군, 조금만 가벼워져 봐

기지개를 켜는 회화꽃 불콰해지더니
눈물을 삼키고 날던 새들을 불러모은다

사람이 비운 의자는 몸이 헐거워지지

울적한 그늘 한 줌 날숨에 흔들리다
시간의 느슨한 혈관 바짝 조이며 앉는다

오늘을 다 울어도 괜찮은 밤이 올 거야

말랑해진 저녁이 멀리 따라나서고
그 뒤로 웅성거리는 별들의 부르튼 반란

사흘

네 갑작스런 부고에 잠 못 이루던 시간, 사흘

어머니 가시고 밥숟가락 겨우 들던 시간, 사흘

뒷모습 긴 그림자로 멀어져만 가던 시간, 사흘

당신의 저녁

밤 아홉 시는 당신이 돌아오는 시각
후박나무 그늘에서 바람이 멈추는 동안
고요한 골목길처럼 접혀져 오는 때

우리가 듣지 못한 누군가의 마음에도
이 저녁 짙은 꽃향기 자욱이 스며들고
조금 더 쓸쓸한 걸음으로 당신이 오는 시각

세상의 모든 불을 꺼 두어도 좋겠지
내 이마 위 손톱만 한 저 달빛 하나면
시간의 푸르고 어두운 길 반짝 빛날 테니

밤 아홉 시는 시리고 찬 어느 밤길에서
더 붉은 꽃 피우려 서성이는 습성의 뒤
길 끝에 우두커니 서서 눈물 흘리는 그림자 하나

슬하

막 잠 깬 아이가 다시 무릎 베고 누워

부전나비 한 마리 낮달을 날아오르는

아련한

단잠 속으로 천천히 걸어가는 것

첫눈

늦은 밤

빌딩 앞 구석진 자리에 앉아

한 노파가 눈물 젖은 꽃다발 내밀었다

'오늘을 다 견뎌 낸 이들에게 축복을'

축성은 외진 거리 거룩하게 빛내고

주름진 이마 위로 함박눈이 내린다

꼬깃한 지폐 몇 장과 찬밥 덩이의 성탄 전야

남은 꽃이 더 많은 바구니 언저리에서

흩어지는 발길에 야윈 등이 구겨진다

따스한 아랫목 찾아 종종걸음 치는 캐럴 몇 소절

교회의 종이 울려 사람들은 두 손 모으고

돌아갈 집이 없는 노파는 한뎃잠이 든다

그 위로 성탄이 기쁜 눈은 밤새 내리고

해설 불멸의 성채, 슬픔과 그리움의 연대기

| 해설 |

불멸의 성채, 슬픔과 그리움의 연대기

이정환(시조시인)

1.

시인은 남달리 예민하기에 불행하기가 쉽다. 세계의 모든 문제에 대해 가장 민감하게 반응하기 때문이다. 차라리 둔하면 행복할 수 있다. 감각의 촉수가 워낙 예리한 까닭에 불행을 자초할 때가 잦으니 시인은 숙명적으로 아무나 걸을 수 없는 길이다.

그 어려운 길을 묵묵히 가고 있는 이경임 시인의 두 번째 시조집 『나의 사소한 연대기』를 펼친다. '불멸의 성채, 슬픔과 그리움의 연대기'라는 시각으로 그가 그동안 어떻게 슬픔과 그리움을 다스리며 살아왔는지를 살피려고 한다.

그를 생각하니, 문득 한일 월드컵이 열렸던 2002년이 생생히 떠오른다. 시조에 입문한 해였기 때문이다. 문학의 길에 들어설 때 흔히 시나 수필을 쓰게 마련이다. 자유시에 몰입되어 있던 그는 시조를 낯설어 했다. 왜 하필 정형인가, 반문하곤 했다. 그러나 그것도 잠깐, 얼마 후부터 열망과 꿈을 품고 시조 창작에 매진했다. 그 첫 결실로 2005년 매일신문 신춘문예에 당선했고, 몇 년 뒤인 2009년에는 첫 시조집 『프리지아 칸타타』를 출간하여 문단의 주목을 받았다.

그리고 세월이 훌쩍 흘러 2024년 새 시조집 『나의 사소한 연대기』를 또 한 번 세상에 선보인다. 그는 적지 않은 성상 동안 침잠했다. 그 잠적의 기간은 문학적 자산을 내밀히 온축하게 된 계기가 되었다. 이번 작품집을 통해 그 사실은 여실히 증명될 것이다.

'불멸의 성채, 슬픔과 그리움의 연대기'에서 성채는 성과 요새를 뜻한다. 요새는 군사적으로 중요한 곳에 건설한 방어 시설이다. 아무리 든든한 성채를 축조했더라도 슬픔과 그리움은 얼마든지 침투하여 정서적으로 요동치게 한다. 연대기는 역사적으로 중요한 사건을 연대순으로 적은 기록인데 시인은 그 일을 두고 사소한, 이라는 간략한 수식어로 자신을 낮추고 있다. 하지만 독자가 볼 때 그것은 때로 불멸의 서사로 다가온다. 그가 미처 방어 시설을 잘 갖추지 못하여 어려움을 겪기도 했지만, 이내 극복하고 첫 번째 성채인 『프리지아 칸타타』를 속 깊이 아로새기면서 추동력을 얻어 오랜 날 창작에 몰두해 왔다. 그 작업의 결정판이 두 번째 성채인 『나의 사소한 연대기』다.

2.

　이경임 시인은 사소한 연대기를 꼼꼼히 기록하고 있다. 미학적 글쓰기이자 섬세하게 꿰는 개인사다. 단순한 서사나 서정이 아니라 미적으로 승화된 세계다. 그가 꿈꾸는 이상향이다. 그는 씀으로써 자신을 정화한다. 미묘한 언어의 묘미를 일찍이 깨친 시인은 애오라지 언어와의 무한 쟁투를 통해 승부를 가리려고 한다. 이는 시의 본질을 향한 열망으로부터 비롯된 투지다. 철저한 장인 정신이다. 싸우고자 하는 강력한 의지 없이 어찌 한 편의 시를 세상에 온전히 내놓을 것인가!

　　셈이 어두운 나는 원시의 어느 시대
　　이를테면 구석기 어디쯤의 인간이 되어

아무런 걱정도 없이 햇살을 보고 싶네
바람의 말을 익힌 잎 넓은 귀 열어
사람이 쏟은 거짓은 나뭇잎처럼 흘리며
저녁이 이슥하도록 바람 속에 서 있으리
한 덩이 고기를 허물없이 나누며
밤이면 배가 든든한 아이들 머리 위에
착하게 피어오르는 은하수를 바라보겠네
달이 떠오르는 숲속 어둠 한편에서
잠들지 못한 사람이 불어 주는 휘파람에
단꿈이 깊었던 새들, 지평선 너머 날아가고
빗살 몇으로 셈을 해도 그저 빈손의 가계家計
이 맑은 가난이 춥지 않은 동굴의 밤,
먼 들판 뛰쳐오르는 말발굽 하나 새겨넣겠네
―「나의 사소한 연대기」 전문

배 뒤집어 복종을 표하는 짐승처럼
저기, 차 아래 드러누운 정비공
허옇게 드러난 배로 세상에 굴복한다

사람과 짐승 간 경계도 다 받들고
패배를 뒷등으로 끌어안는 쓸쓸함에,
어떤 자
그 젊음을 취하여 부복케 하였던가

저 아름다운 복종이 새끼들 입에 밥을 넣고
노모의 아랫목을 지피는 불이 되니
짐승의 포효보다 더 눈물겨운 사투였음을
—「복종의 미학」 전문

열꽃이 핀 저녁의 메마른 입술에는
처연한 이름 하나 오래 얹혀 있다
목젖을 넘지 못하는 붉디붉은 환절기

오늘은 기어코 비가 내릴 것인가
한 무리 비구름이 생각 속으로 몰려와
저 땅끝 꽃의 진원을 보고야 말겠다니

며칠 앓은 기척은 압화처럼 쌓여서
선명해지려는 안간힘 일몰에 젖고
자욱한 식은땀 같은 허기가 찾아온다

세상에 아프지 않은 이들 모여들어
싱싱한 저녁 밥상 왁자하게 차릴 때면
설레는 낯빛이 되어 훌훌 털고 가야겠다
—「환절기 엽서」 전문

「나의 사소한 연대기」는 무려 다섯 수다. 연대기여

서 할 말을 다 하고 있다. 첫 수 "셈이 어두운 나는 원시의 어느 시대 / 이를테면 구석기 어디쯤의 인간이 되어 / 아무런 걱정도 없이 햇살을 보고 싶네"라는 바람이 간절하게 다가온다. 구석기 인간이 되어 햇살을 싱그럽게 보았으면 하는데, 걱정이 끼어들어서 그렇지 못한 정황을 떠올리게 한다. 둘째 수는 사람이 쏟은 거짓에 대해 성찰한다. 그 모든 거짓을 나뭇잎처럼 흘리고 이슥하도록 바람 속에 서 있고 싶다고 말하면서 자연 친화의 길을 꿈꾼다. 셋째 수는 가족이 등장한다. 아이들과 함께 은하수를 바라보고자 한다. 넷째 수에는 달, 숲속 어둠, 휘파람, 단꿈, 새들, 지평선이 어우러져서 생동감 있는 정경을 연출한다. 끝 수에서는 빈손의 가계이지만 "맑은 가난이 춥지 않은 동굴의 밤"이어서 "먼 들판 뛰쳐오르는 말발굽 하나 새겨넣겠"다고 말한다. 역동적인 삶을 살고자 하는 의지의 표현이다. 이처럼 「나의 사소한 연대기」에서 화자가 원하는 바는 거창한 꿈이 아니고 사소한 것이다. 그러나 현실은 안타깝게도 이러한 작은 희망이나 희구마저도 허락하지 않을 때가 많다.

「복종의 미학」은 특별한 삶의 현장을 포착하고 있다. 미학이라는 말이 근간에 많이 쓰이고 있는데 자연

이나 인생 및 예술 따위에 담긴 미의 본질과 구조를 해명하는 학문이 미학이다. 아름다움을 살펴 찾는 일인데 화자는 복종의 한 모델을 직시한 것이다. "배 뒤집어 복종을 표하는 짐승처럼 / 저기, 차 아래 드러누운 정비공"을 바라보며 "허옇게 드러난 배로 세상에 굴복한다"라고 표현하면서도 자신의 인생에 대한 경건하고도 아름다운 순복의 순간이라는 사실을 떠올리게 한다. 둘째 수를 보라. "사람과 짐승 간 경계도 다 받들고 / 패배를 뒷등으로 끌어안는 쓸쓸함에, / 어떤 자 / 그 젊음을 취하여 부복케 하였던가"라는 강력한 질문 앞에 오랫동안 생각에 잠길 수밖에 없을 것이다. 셋째 수는 보다 구체적인 정황을 펼친다. "저 아름다운 복종이 새끼들 입에 밥을 넣고 / 노모의 아랫목을 지피는 불이" 된다는 진술이 바로 그것이다. 가족애가 뜨겁게 흐르는 대목이다. 하여 "짐승의 포효보다 더 눈물겨운 사투였음을" 힘주어 말하고 있다.

「환절기 엽서」는 잔잔하게 읽힌다. 대개 사람들은 환절기를 앓는다. 철이 바뀔 때마다 몸이 잘 적응이 되지 않아서 동통으로 고생을 한다. "열꽃이 핀 저녁의 메마른 입술에는 / 처연한 이름 하나 오래 얹혀 있다"라는 진술에 이어서 "목젖을 넘지 못하는 붉디붉은 환절기"가 그것을 잘 말해 주고 있다. 둘째 수는 비 이야기 끝에 "한 무리 비구름이" "땅끝 꽃의 진원을 보고야 말겠다"라고 하는 느낌을 기술하고 있다. 셋째 수의 표현은 주목을 끈다. 즉 "며칠 앓은 기척은 압화처럼 쌓여서 / 선명해지려는 안간힘 일몰에 젖고 / 자욱한 식은땀 같은 허기가 찾아"오는 그 과정이 이채로운 직유로 의미에 깊이를 더하고 있다. 끝 수는 괄목상대다. "세상에 아프지 않은 이들 모여들어 / 싱싱한 저녁 밥상 와자하게 차릴 때면 / 설레는 낯빛이 되어 훌훌 털고 가야겠다"라고 마무리 짓는다. 기실 세상에 아프지 않은 이들이 어디에 있겠는가? 그렇지만 싱싱한 저녁 밥상 앞에 앉으면 모든 아픔은 스러져 갈 것이다. 이처럼 「환절기 엽서」는 아픔 속에서도 희망을 노래하는 시편이다.

> 거기, 너 앉아서 하염없는 노을이다
> 떠나는 사람 향해 무릎 꿇던 간곡함
> 이 저녁
> 미동도 없는 어스름으로 스며든다
>
> 거기, 너 앉아서 하염없는 어둠이다
> 꽃망울 터지는 소리 아프게 들으며

저만치
멀어져 가는 숨결 짐작한다

거기, 너 앉아서 하염없는 슬픔이다
목젖을 짓누르는 눈물이 시가 되는
이 슬픔
견뎌 보기에 참 괜찮은 저녁이다

—「그 저녁에」 전문

저물녘
참 오랜만에 가슴이 두근거린다
그대를 지나오던 수많은 걸음들
골목 끝 외등 앞에서 점점이 흩어지고

그 길에 나도 있어,
그대를 지나간다
한 번도 닿은 적 없었던 사람들처럼
다 닳은 일기장 속에 머물던 사람들처럼

저녁은 깊게 깊게 울어 본 사람의 집
눈물 같은 불빛 따라 창이 닫히고
어쩌다 올려다보면 목이 메는 하현의 밤

—「저녁 소감」 전문

한 번도 본 적 없는 이의 문상을 간다
핏발 선 눈으로 서 있던 조등 몇 개
망자는 문상객 향해 손짓을 보낸다

아내는 필라멘트처럼 끊길 듯 이어질 듯
여린 숨 핏빛 울음 엎드려 쏟고 있다
선향의 연기가 매운 건지 밤하늘도 쿨럭이고

영정은 아내가 가여워 어쩔 줄 모른다
제상에 얹힌 밥이 다 식도록 목이 메어
수저도 차마 들지 못해 수척한 얼굴이다

낯선 망자가 대접하는 마지막 한 끼
처음 받는 이들도 목이 메기는 마찬가지
모두가 공복인 채로 입을 닫은 그믐밤

―「동감」 전문

  그는 시조로 자아와 세계를 탐색하고 이미지화한다. 새로운 목소리의 발현을 위해 힘쓴다. 「그 저녁에」도 그런 맥락에서 읽을 수 있다. 첫마디부터 예사롭지가 않다. "거기, 너 앉아서 하염없는 노을이다"에서 대체 거기는 어디며, 너는 또 누구인가? 하염없는 노을인

너의 실체는? 끝맺는 데가 없이 아득하게 혹은 아무 생각 없이 그저 멍한 상태가 하염없는 일이다. 그렇다면 하염없음은 "떠나는 사람 향해 무릎 꿇던 간곡함"이 "이 저녁 / 미동도 없는" 어둠으로 스며드는 정황일 수가 있겠다. 이제는 노을을 지나 "거기, 너 앉아서 하염없는 어둠이다"라고 나직이 읊조린다. 그 순간 "꽃망울 터지는 소리 아프게 들으며 / 저만치 / 멀어져 가는 숨결"을 짐작하고 있다. 여기서 꽃망울 터지는 소리는 겨울철에는 눈꽃이 내려 쌓이는 느낌으로 와 닿는다. 끝으로 "거기, 너 앉아서 하염없는 슬픔이다"라면서 "목젖을 짓누르는 눈물이 시가 되는 / 이 슬픔 / 견뎌 보기에 참 괜찮은 저녁이다"라고 노래한다. 노을과 어둠과 슬픔이 저녁의 분위기와 어우러지면서 화자가 겪고 있는 정황을 두고 그래도 견디기에 참 괜찮은 저녁으로 받아들이는 모습에서 안도감을 느낀다. 각 수 첫머리에서 계속 "거기, 너 앉아서"를 반복함으로써 독자의 시선을 붙잡아 두고 있는 점을 눈여겨볼 일이다. 치밀한 직조다. 시를 이끌고 가는 동력이기도 하다.

「저녁 소감」은 애틋하다. 살면서 가슴이 두근거리는 때가 많지 않다. 그런데 화자는 "저물녘 / 참 오랜

만에 가슴이 두근거린다"라고 말한다. "그대를 지나오던 수많은 걸음들" 때문이다. 그대와 깊은 연관성을 가진다. 그 걸음은 "골목 끝 외등 앞에서 점점이 흩어"졌다. 함께 모이지 않았던 것이다. 흩어진다는 것은 별리가 함유된 표현이다. 안타까운 작별이다. 그런데 "그 길에 나도 있어, / 그대를 지나간다"라고 한 번 더 그대를 소환한다. 무척 보고 싶은 이다. 무한정 그리운 사람이다. 그리고 화자는 "한 번도 닿은 적 없었던 사람들처럼 / 다 닳은 일기장 속에 머물던 사람들처럼" 그렇게 지나치게 된 것을 몹시 가슴 아파한다. 그런 까닭에 저녁에 대해 "저녁은 깊게 깊게 울어 본 사람의 집"이라고 이채로운 비유를 내놓는다. 그리하여 "눈물 같은 불빛 따라 창이 닫히고 / 어쩌다 올려다보면 목이 메는 하현의 밤"이다. 하현은 무엇인가? 반달에서 그믐달이 되기 전의 달이다. 더욱 어두워질 일만 남은 것이다.

「동감」은 문상객으로 갔다가 그믐밤을 풀어내고 있다. "한 번도 본 적 없는 이의 문상"이다. 그럴 수 있는 일이다. "핏발 선 눈으로 서 있던 조등 몇 개"와 더불어 "망자는 문상객 향해 손짓을 보낸다"라고 표현한다. 이쯤이면 죽은 이도 잠시 살아날 수 있지 않을까

하는 생각이 든다. 아내가 둘째 수에 등장하여 곡하는 장면을 구체적으로 그리고 있다. 가까운 사이인가 보다. "영정은 아내가 가여워 어쩔 줄 모른다"라는 구절이 그것을 잘 말해 주고 있다. "낯선 망자가 대접하는 마지막 한 끼"에 "처음 받는 이들도 목이 메기는 마찬가지"라면서 "모두가 공복인 채로 입을 닫은 그믐밤"인 것을 환기시킨다. 망자의 죽음에는 특별한 사연이 있을 것이라고 짐작만 할 뿐이다.

지금 당신은 이 창을 지나고 있다
한때는 푸르렀을 플라타너스 길 위로
굽은 등 말아넣으며 거처를 찾을 것이다

얄팍한 껍데기에 야윈 몸 구겨 맞추며
흐릿한 창 안을 들여다보던 앙다문 입
시선은 끝내 맞추지 않고 쉰 목으로 서 있다

가쁜 숨 몰아쉬며 신호등처럼 휘청인다
금방 눈이라도 쏟아질 듯한 하늘 아래
지친 듯 꺾은 관절만 한 마디씩 핥고 있다

어디서 저녁연기를 피워 올릴 것인지

점액이 다 마른 길모퉁이에 엉거주춤한
당신은 세상이 놓친 무연고 마네킹이다
　　　　　　　　　　　　―「이카로스의 행방」 전문

아무도 읽어 주지 않는 글을 쓰려고
모처럼 책상 앞에 엎드린 한밤중
먼 창밖 화려한 불빛
이제는 생경하다

한때는 저 속에서도 빛나는 별이었을 텐데
침침한 눈을 부비고 또 부비며 앉아
천체가 움직이는 소리 들어 보려 애쓴다

별의 말 들을 줄 아는 시절에 이르러
이번 생 다녀간 기척이라도 남겨두려
별자리
한 땀 한 땀 기우며 나도 어두워져 간다
　　　　　　　　　　　　―「쉰」 전문

「이카로스의 행방」에서 이카로스는 태양을 보고 도취되어 점점 가까이 날다가 밀랍이 다 녹아 바다에 떨어져 죽는다. 아버지 다이달로스의 말을 듣지 않은 까닭이다. 이른바 이카로스의 추락이다. 화자는 이카로스로 지칭된 '당신이 지금 이 창을 지나고 있다'라고 진술한다. 그리고 그는 "한때는 푸르렀을 플라타너스 길 위로 / 굽은 등 말아넣으며 거처를 찾을 것"이라고 말한다. 이카로스는 현재 일정한 거처가 없기 때문이다. 다음 수에서도 "얄팍한 껍데기에 야윈 몸 구겨 맞추며 / 흐릿한 창 안을 들여다보던 앙다문 입"에서 구체적으로 드러나듯 "시선은 끝내 맞추지 않고 쉰 목으로 서 있다"라고 쓴다. 시선을 못 맞춘다는 말은 차마 교감할 수 없는 마음 상태 때문이다. 그뿐 아니라 목도 쉬어 있다. 몹시 힘겨운 정황이다. 셋째 수도 마찬가지다. 금방 눈이 쏟아질 듯한데 거기에 대한 방비가 전혀 없다. 그래서 화자는 안타까운 시선으로 "어디서 저녁연기를 피워 올릴 것인지"를 걱정한다. 아무리 보아도 "점액이 다 마른 길모퉁이에 엉거주춤한 / 당신은 세상이 놓친 무연고 마네킹"이라는 것이다. 마네킹은 옷가게에서 옷과 장신구 등을 입혀 놓은 인체 모형이므로 생명력이 없다. 호흡하지 않을 뿐더러 피가 흐르지 않는다. 화자가 끈질기게 바라본 이카로스는 세상에 대해 엉거주춤한 상태다. 적극적으로 대체할 능력이 없다. 이렇듯 이카로스의 행방을 좇는 일은 허망하기 이를 데 없다. 할 수 있는 데까지 추적해 보고자 하는 화자의 끈질긴 노력이 눈물겹기까지 하다.

화자는 「쉰」에서 자신을 돌아본다. 쉰은 반백 년이다. 연륜이 만만치가 않다. 그런데 "아무도 읽어 주지 않는 글을 쓰려고 / 모처럼 책상 앞에 엎드린 한밤중"이라는 대목이 펼쳐진다. 자괴감이 휩싸고 도는 밤이다. 스스로 부끄럽게 여기는 느낌이나 감정을 과감히 물리치지 못하고 있다. 그러므로 아무도 읽어 주지 않는 글일지언정 써야 한다. 부단한 도전으로 만인이 읽어 줄 시편을 제작해야 한다. 쓰기도 전에 지레 겁을 먹으면 아니 된다. 쓰고 나면 그 이후는 온전히 독자의 몫일 것이니 마땅히 영혼을 불어넣어 써야 한다. 화자는 계속 가라앉은 자세로 "먼 창밖 화려한 불빛"조차도 "이제는 생경하다"라고 읊조린다. 그래, 생경할지라도 괜찮다. 그 자각으로 써야 한다. "한때는 저 속에서도 빛나는 별이었을 텐데"라고 왕년의 일을 회상하고만 있을 때가 아니다. 시간 낭비다. 정말 "침침한 눈을 부비고 또 부비며 앉아 / 천체가 움직이는 소리 들어 보려" 애써야 옳다. 마침내 화자가 마음을 바꾼 듯하다. "별의 말 들을 줄 아는 시절에 이르러 / 이번 생 다녀간 기척이라도 남겨두려 / 별자리 / 한 땀 한 땀 기우며 나도 어두워져 간다"라고 끝 수를 마무리하고 있기 때문이다. 이 대목에서도 아쉬운 점은 있다. 겸손의 표현인지는 몰라도 '다녀간 기척' 정도로 말할 일이 아니다. 빛나는 문학적 궤적, 즉 수레바퀴가 지나간 자국을 명확하게 각인시킬 창작의 길을 걸을 일이다.

>빗속에서도 옛집은 찬란하게 서 있다
>샹들리에 같은 빗방울 창마다 매달고
>언젠가 돌아올지도 모를 사람을 향해 서 있다
>
>먼발치 꿈처럼 다녀가려 했으나
>하소연하는 빗소리에 흐려지는 내 발길
>모두가 옛날이 되어 서성이는 그림자
>
>사력을 다해 외면하려 잠을 청해도
>설핏한 꿈은 이끌리듯 그 자리에 돌아와
>연대를 기록할 수도 없는 눈물을 쏟고 있다
>
>―「옛집을 기억하는 방식」 전문

간밤, 꿈결에 다녀간 이를 생각한다

거의 다 걸어온 한 생애 젖은 자리

홀연히 사라지는 꿈조차 아프게 멍울지는데

집으로 돌아가지 못한 상처가 떠도는 건가

차가운 눈으로 바라보며 서 있던 물상

내 안에 차마 들이지 못한 내가 아닌지

어쩌면 오래도록 문밖을 서성이며

내 잠을 두드리다 돌아서는 내가 아닌지

이 슬픈 잠의 기원이 붉은 아침이다
　　　　　　　　　　　　　　－「꽃이 피다」 전문

꽃을 피우는 건 우리의 일이라 했다

제 살을 찢어 통점으로 피어나는 일

그 또한 환해져 오는 어느 생이라 믿었다

정맥이 또렷해지는 아침의 말간 얼굴

흔들림 없이 서 있던 그때가 청춘이었을지

사막에 별이 다 지고 우리도 지는 날들

눈물을 저장한 은둔의 뼈 자라나고

모두가 방관자였던 계절이 지나갔다

그렇게 낯선 얼굴로 나도 나를 지나쳐 갔다
―「에필로그」 전문

　누구에게나 옛집은 있게 마련이다. 종종 꿈에 나타나는 옛집은 그리움의 표상이다. 「옛집을 기억하는 방식」에는 어떤 간절함이 짙게 배어 있다. 옛집은 이미 지나간 형적이다. 다시 돌이킬 수 없는 토포필리아이자 바이오필리아의 세계다. 즉 장소애와 생명애는 동시에 나타나서 그리움은 점층된다. 그래서 화자는 "빗속에서도 옛집은 찬란하게 서 있다"라고 진술했는지도 모른다. '찬란하게'라는 표현이 언뜻 다가오지 않지만 곰곰이 생각하면 공감이 간다. 그러니까 옛집은 "샹들리에 같은 빗방울 창마다 매달고 / 언젠가 돌아올지도 모를 사람을 향해 서 있"는 것으로 인식되고 있다. 지독한 그리움의 발현이다. 둘째 수는 더욱 허망한 울림을 안긴다. "먼발치 꿈처럼 다녀가려 했으나 / 하소연하는 빗소리에 흐려지는 내 발길"을 보면서 "모두가 옛날이 되어 서성이는 그림자"인 것을 알아차린 것이다. 끝내 화자는 옛집을, 그 추억을 "사력을 다해 외면하려 잠을 청해도 / 설핏한 꿈은 이끌리듯 그 자리에 돌아와 / 연대를 기록할 수도 없는 눈물을 쏟고 있"는 것을 감당하지 못한다. 이를 어찌할 것인가? 한 편의 시 「옛집을 기억하는 방식」을 통해 치유할 수밖에 없다. 그러한 심경이 절실하게 표출되고 있다.

「꽃이 피다」에서 보듯 그의 작품 곳곳에 상실의 정서는 눈에 띈다. "간밤, 꿈결에 다녀간 이를 생각한다"라고 한 뒤 "거의 다 걸어온 한 생애 젖은 자리 // 홀연히 사라지는 꿈조차 아프게 멍울지는데"라면서 잃어버린 시간에 대한 진한 감정을 선명히 드러낸다. 그리고 "집으로 돌아가지 못한 상처가 떠도는 건가" 하고 물으면서 "차가운 눈으로 바라보며 서 있던 물상"이 "내 안에 차마 들이지 못한 내가 아닌지" 생각해 본다. 살다 보면 실로 내 안에 들이지 못한 나에 대한 갈등이 자주 일어나서 곤혹스러울 때가 있다. "어쩌면 오래도록 문밖을 서성이며 // 내 잠을 두드리다 돌아서는 내가 아닌지" 다시금 숙고하다가 "이 슬픈 잠의 기원이 붉은 아침"인 것을 꽃 피는 순간을 주시하면서 깨닫는다. '나'와 또 다른 자아인 '나'의 부딪침에서 오는 정서적 혼돈이다.

「에필로그」에서 에필로그는 종결부다. 언제 서막 즉 프롤로그가 있었던가? 모든 인생은 태어나자마자 종착역을 향해 달려간다. 화자는 "꽃을 피우는 건 우리의 일이라 했다"라면서 "제 살을 찢어 통점으로 피어나는 일 // 그 또한 환해져 오는 어느 생이라 믿었다"고 확언한다. "정맥이 또렷해지는 아침의 말간 얼굴 // 흔들림 없이 서 있던 그때가 청춘이었을지" 회상하면서 "사막에 별이 다 지고 우리도 지는 날들"에 대해 안타까움을 토로한다. 화자는 태연자약하게 "눈물을 저장한 은둔의 뼈 자라나고 // 모두가 방관자였던 계절이 지나갔다"라고 진술하고 있는데 이 대목에서 찬바람이 일어나는 느낌을 지울 수가 없다. 더구나 결구 "그렇게 낯선 얼굴로 나도 나를 지나쳐 갔다"라는 표현에서 어찌할 수 없는 시절에 대한 무기력을 드러내는 데서 허망함을 떨치지 못한다. '나도 나를 지나쳐 가다니' 이 무슨 뼈아픈 정황인가? 이처럼 「에필로그」

가 보여주는 정서는 근원적인 슬픔에 맥이 닿아 있어 아픔은 배가된다.

    빗소리에 마음 붉어지는 늦은 오후

    자작나무 숲을 다녀온 바람에 이끌려

    먼 산중 석양빛 짙은 하루를 써 내려간다

    우산을 접고 흐린 창에 불을 밝히며

    배웅 못한 낮달의 무거운 걸음 생각하는데

    혼자서 가야 하는 길은 왜 다 젖어 있을까

    고막이 점점 얇아져 모든 소리가 쌓이는

    비 오시는 봄날, 키 낮은 처마 안으로

    물오른 나무의 연민 나지막이 흘러든다
                                         ―「어느 날의 안부」 전문

네 갑작스런 부고에 잠 못 이루던 시간, 사흘

어머니 가시고 밥숟가락 겨우 들던 시간, 사흘

뒷모습 긴 그림자로 멀어져만 가던 시간, 사흘
―「사흘」 전문

「어느 날의 안부」에는 연민의 정이 흐른다. 기실 인간은 불쌍하고 가련한 존재다. 그래서일까? 성경은 항상 기뻐하라,를 힘주어 말한다. 기가 막히게도 기쁜 일이 없는 날에도 기뻐할 것을 주문한다. 그만큼 세상살이가 어려운 것을 역설적으로 말하고 있는 셈이다. "빗소리에 마음 붉어지는 늦은 오후 // 자작나무 숲을 다녀온 바람에 이끌려 // 먼 산중 석양빛 짙은 하루를 써 내려가"고 있는 화자의 심상에 물기가 배어 있다. "우산을 접고 흐린 창에 불을 밝히며 // 배웅 못한 낮달의 무거운 걸음"을 생각하면서 "혼자서 가야 하는 길은 왜 다 젖어 있을까"라고 중얼거린다. 나이가 들수록 "고막이 점점 얇아져 모든 소리가 쌓이는 // 비 오시는 봄날, 키 낮은 처마 안으로" 화자는 "물오른 나무의 연민"이 "나지막이 흘러"드는 것을 느낀다. 이 대목에서 "물오른 나무의 연민"이라는 구절이 의미심장하게 다가온다. 물오른 연민이 인간 사회에서도 넉넉히 뿌리를 내렸으면 하는 간절한 마음 때문이다.

「사흘」은 특이한 구조를 갖춘 단시조다. 부고와 어머니와 뒷모습이 등장하고 있다. 사흘 간격이다. 사흘이면 갖가지 일이 일어날 수 있는 기간이다. 초장은 "네 갑작스런 부고에 잠 못 이루던 시간"이 "사흘"이었다고 말한다. 그러므로 사흘은 극복의 시간이었던 셈이다. 꼬박 사흘 밤 사흘 낮이었을 터다. "어머니 가시고 밥숟가락 겨우 들던 시간" 역시 "사흘"이었다. 진실로 견딜 수 없었던 일이었기 때문이다. 종장은 "뒷모습 긴 그림자로 멀어져만 가던 시간"이 "사흘"이었다. 뒷모습의 주체는 대체 누구일까? 그를 견디는 일 역시 사흘이었으니 의외로 단념이 빨랐다는 생각이 들기도 하지만 꼭 그렇지만은 않다는 것을 「사흘」이라는 시조의 행간에서 느낀다. 이렇듯 인생은 깊고도 무겁고 심히 아픈 것이다.

3.

지금까지 '불멸의 성채, 슬픔과 그리움의 연대기'라는 제목으로 이경임 시인의 시조 세계를 살폈다. 주목

할 만한 작품이 다수였지만 선별하여 읽으면서 그 역시 어쩔 수 없는 가인이구나 하고 느꼈다. 시를 쓰지 않으면 무슨 일에 전념했을까. 아닐 것이다. 그는 태생적으로 시인일 수밖에 없는 예인이다. 여러 가지 기예를 닦아 남에게 보이는 것을 직업으로 삼는 사람처럼 예술가다. 언어의 연금술사다.

  시인은 타고나야 한다는 말이 있지만, 부단한 관심과 열정으로도 얼마든지 가능하다. 그렇지만 타고난 데다가 줄기찬 노력이 가미되면 보다 빛나는 길을 걸을 수 있기에 천부적이라면 금상첨화임에는 틀림이 없다. 그도 타고났기에 가일층 절차탁마가 요청된다. 불굴의 천착 없이 대성할 수 없다. 크게 이룬다는 것을 목표로 삼을 수는 없지만, 최후의 한 편을 위하여 전력투구하는 일은 시인에게 주어진 소명이다.

  이경임 시인, 그는 언어 감각과 조형 능력을 소유하고 있다. 그것을 시조 3장에 녹이는 기량도 남다르다. 편편이 울림이 크고, 낯선 이미지가 적절히 배치되어 시의 맛과 멋을 더한다. 그가 축조한 성채는 아무나 쉬이 범접하지 못할 다채로운 체험과 상상력으로 빚은 요새다. 함부로 공략 못할 미묘한 묘미의 세계다. 이번 시조집은 그 속에서 오래도록 아픔을 지그시 누르며 직조한 슬픔과 그리움의 연대기여서 감동을 안긴다. 불멸의 서사를 엮었으니 이제 이후로는 온전히 독자의 몫이다. 『나의 사소한 연대기』, 그 비범한 세계가 금빛 화살촉처럼 세상 곳곳에 날아가서 아름답게 박힐 것이다. 장도의 길에 늘 빛 부신 은총이 함께하기를 마음 깊이 소망한다.

그루시선 112
나의 사소한 연대기

초판 1쇄 발행 2024년 9월 30일

지은이   이경임
펴낸이   이은재

펴낸곳   도서출판 그루
출판등록 1983. 3. 26(제1-61호)
주소   42452 대구광역시 남구 큰골 3길 30
전화   053-253-7872
팩스   053-257-7884
전자우편 guroo@guroo.co.kr

ⓒ 이경임, 2024
ISBN 978-89-8069-512-6

*이 책은 저작권법에 의해 보호받는 저작물이므로 무단 전재와 무단 복제를 금하며 이 책 내용의 전부 또는 일부를 이용하시려면 반드시 저작권자와 도서출판 그루에 서면 동의를 받아야 합니다.
*잘못된 책은 구입하신 곳에서 바꿔 드립니다.
*책값은 뒤표지에 있습니다.

*본 사업은 2024 대구문화예술진흥원 문학작품집 발간지원으로 발간되었습니다.